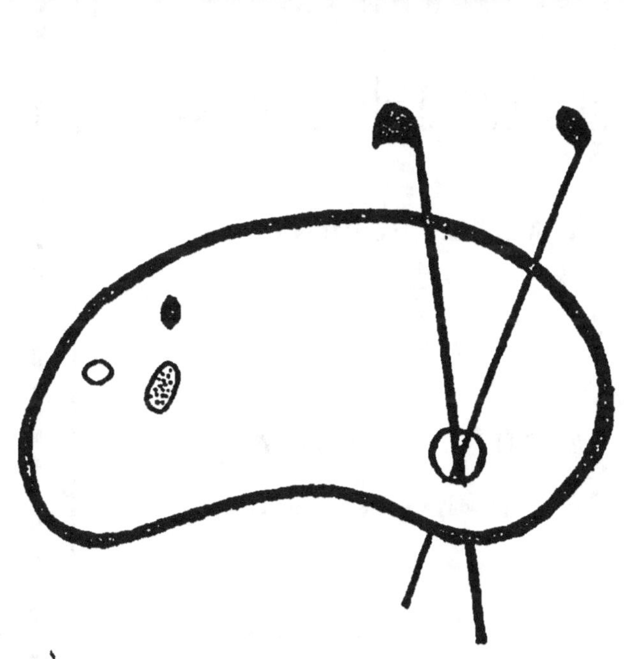

DEBUT D'UNE SERIE DE DOCUMENTS
EN COULEUR

UN

Pédagogue oublié du XVIIᵉ siècle

L'ABBÉ FLEURY

PAR

Louis Genay

Professeur, Agrégé de l'Université, Docteur ès lettres

LIBRAIRIE
HACHETTE & Cⁱᵉ
79, Boulevard Saint-Germain, 79
PARIS

IMPRIMERIE
L. CIVAL PÈRE & FILS
VESOUL

1879

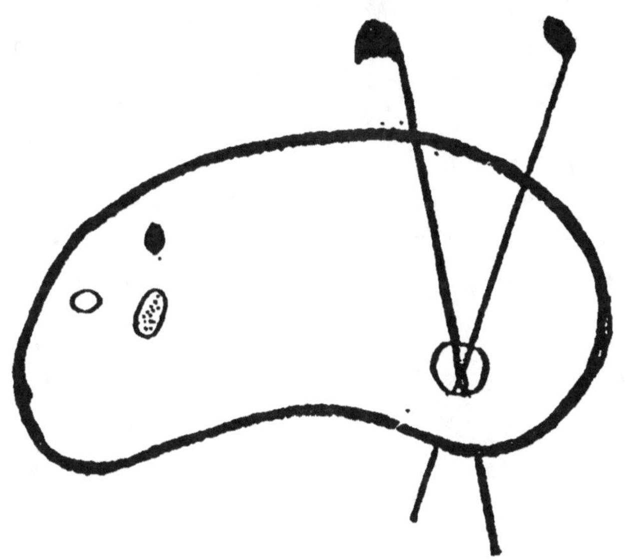

FIN D'UNE SERIE DE DOCUMENTS
EN COULEUR

Un Pédagogue oublié du XVII° siècle

L'ABBÉ FLEURY

Imprimerie L. Cival père & fils

UN

Pédagogue oublié du XVIIe siècle

L'ABBÉ FLEURY

PAR

LOUIS GENAY

Professeur, Agrégé de l'Université, Docteur ès lettres

LIBRAIRIE
HACHETTE & Cie
79, Boulevard Saint-Germain, 79
PARIS

IMPRIMERIE
L. CIVAL PÈRE & FILS
VESOUL

1879

A MONSIEUR

Jules FERRY,

Ministre de l'Instruction publique,

Son dévoué et sympathique compatriote,

L. GENAY.

Un Pédagogue oublié du XVII° siècle

I

Quand et pourquoi l'abbé Fleury composa le Traité des études

Parmi les hommes illustres qui ont fait, au dix-septième siècle, l'éducation des princes, Bossuet et Fénelon ont exclusivement attiré sur eux l'admiration de la postérité. Cependant, au-dessous d'eux, l'abbé Fleury mérite de ne pas être oublié. Comme Bossuet et Fénelon, il éleva les rois pour les peuples, et les peuples pour la vérité. Tout en formant par ses leçons les princes de Conti, émules du grand Dauphin, auprès desquels il avait été placé par Bossuet ; tout en se consacrant, avec Fénelon, à l'éducation du duc de Bourgogne, il écrivit beaucoup pour l'instruction des classes médiocres, pour les domestiques, pour les soldats, pour les ouvriers, pour les petits enfants. Il eût pu être, comme les deux prélats, ses amis, un grand écrivain, si sa modestie lui eût permis d'être autre chose qu'un écrivain utile. On l'aime, en le lisant, encore plus que l'on ne l'admire. Chez lui, point de faux brillants, point de recherche : la simplicité et le naturel pour toute parure. Son art suprême est de se proportionner toujours au genre de lecteurs auxquels il se destine, ne cherchant d'autre succès que de toucher les âmes.

De ses nombreux ouvrages, le plus considérable est l'*Histoire ecclésiastique*, où il a répandu une érudition immense, épuisé toutes les sources, interrogé toutes les origines, consulté et approfondi les livres sacrés ou profanes, le droit civil et le droit canon, la Bible et les Pères, les philosophes et les historiens. Mais il est une de ses œuvres qui, avec moins d'importance et d'étendue, offre le plus vif intérêt, de nos jours surtout, où l'on a remis en question tout ce qui touche à l'enseignement de la jeunesse : c'est le traité *Du Choix et de la méthode des études*. Écrit dans la seconde moitié du dix-septième siècle, il a, aujourd'hui encore, comme on le verra, l'attrait de la nouveauté.

Fleury composa d'abord ce traité en 1675, sur l'ordre d'une personne qu'il ne nomme pas, mais à laquelle il croyait devoir obéir, et pour servir à l'éducation d'un enfant qu'elle faisait élever. Nous croyons, avec ses premiers éditeurs, qu'il désigne le prince de Conti, chez lequel il était alors, et qui, en lui confiant l'éducation de ses deux fils, pouvait leur avoir adjoint un troisième élève. Les fonctions de précepteur avaient donc préparé Fleury à écrire avec autorité sur les études. Il corrigea l'ouvrage en 1677, et y travailla encore en 1684. Mais, apprenant que les copies s'en multipliaient suivant l'exemplaire le moins correct, celui de 1677, il le retoucha encore, et y mit la dernière main en 1686. Enfin, il le publia, en priant le lecteur de ne s'arrêter qu'à l'édition de 1686 (2 vol. in-12). Nous ne savons pas si le livre exerça une grande influence au moment

où il parut. Mais des hommes considérables y atta-
chèrent plus tard le plus grand prix. Sans parler de
Rollin, qui s'en nourrit avant de composer son *Traité
des études*, nous citerons le témoignage de Boulain-
villiers (1), qui trouve dans cet ouvrage tout ce qui
peut être, en général, dit sur les études, et beaucoup
de conseils utiles aux personnes des deux sexes.

Fleury ajouta à la première édition de son livre
quatre pièces, trop petites pour être imprimées à
part : un discours sur Platon, une traduction de
quelques passages du même auteur, et deux pièces
de vers latins adressées à deux de ses condisciples,
MM. de Montmor et d'Ormesson. Dans l'une, il mon-·
tre que les vrais savants sont toujours estimés ; dans
l'autre, il représente les inconvénients des études
mal réglées. Les vers de ces épîtres sont médiocres,
mais les pensées justes ; et si elles ne révèlent pas
un poëte, elles témoignent d'un sens exquis et de
l'amour de la vérité. A peine échappé aux bancs de
l'école, le jeune homme (il a vingt-cinq ans) jette un
regard en arrière, pour juger la valeur de ce qu'il
vient d'apprendre et marquer les défauts de l'éducation contemporaine. Et d'abord, il se plaint des maîtres, dont l'enfance subit les rigueurs pendant sept
années :

> .... Juvat rigidum septem tolerare per annos
> Doctorem....

Puis il réclame l'étude de la langue française et de
l'histoire nationale :

(1) *Essai sur la noblesse de France*, p. 288, in-12, Amsterdam,
1732.

    .... ullam
Ignorare pudet vocem græcamque latinamque.....
Tum subit historiæ studium ; antiquissima summe
Quæque placent. Græcos fastidit, nempe recentes.

Il craint l'excès des connaissances mathématiques et astronomiques :

Nil præter quadros jam somniat atque triquetros.

Il veut une philosophie plus capable de nous rendre meilleurs :

Exponunt alii virtutum nomina ; quærunt
. . . .
Ars sit, quæ mores regit an prudentia ; morum
Securi interea propriorum.....

Il demande que les enfants reçoivent un enseignement plus utile et plus pratique :

Ilis postquam ætatem studiis contrivit, iniquam
Accusat patriam senior, desertus, inopsque.

Loin de lui, pourtant, la pensée de médire de la science ! mais il y veut de la mesure :

Est epulas inter quiddam et jejunia pura.

Et il ne doute point que les études ne soient fort agréables, si l'on y met du choix et de l'ordre :

..... Si selecta, suo si tempore discas.

Le traité de Fleury est déjà en germe dans ces deux épîtres. L'auteur y condamne un système d'éducation dont les vices avaient déjà exercé, au siècle précédent, la verve railleuse de Rabelais. En effet, l'auteur de *Gargantua* ne tarit point sur les abus qui régnaient dans les écoles, sur l'inutilité des sciences qu'on y enseignait, sur l'ignorance et la dureté des maîtres, sur la longueur démesurée des études. Le sophiste Thubal Holopherne, précepteur de Gargantua, fut « cinq ans et trois mois » à lui apprendre(1) « sa charte » (son A B C); « puis lui leut Donat,(2) le *Facet,*(3) *Theodelet*(4) et Alænus *in parabolis,*(5) et y feut treize ans six mois et deux semaines. » Gargantua, du reste, « estudioit tres bien, et y mettoit tout son temps, toutesfois en rien ne prouffitoit. Et, qui pis est, en devenoit fou, niays, tout resveux et rassoté. » Aussi, son père entendit « que mieulx luy vauldroit rien n'apprendre. Car leur sçavoir n'estoit que besterie : et leur sapience n'estoit que moufles, abastardissant les bons et nobles esperitz, et corrompant toute fleur de jeunesse (6). » Ailleurs, Rabelais s'indigne des châtiments que les maîtres infligent à leurs élèves, et qu'il compare aux traitements subis par les condamnés dans les prisons. Nous faisons assurément la part de l'exagération dans les attaques bouffonnes de Rabelais ; mais il n'en est pas moins vrai qu'il y avait beaucoup à changer dans le système d'instruction suivi par son

(1) *Gargantua,* ch. XIV.

(2) Ælius Donat, précepteur de Saint-Jérôme, dont la grammaire fut fort suivie au moyen âge.

(3) Reineri Alemanni *Liber Faceti morosi docens mores hominum.*

(4) *Ecloga Theoduli,* Coloniæ, 1491, in-4°.

(5) Alain de Ryssell ou de l'Isle, disciple d'Abailard, mort en 1203.

(6) *Gargantua,* ch. XV.

époque. Cent ans après lui, et malgré ses satires, il restait encore bien des réformes à accomplir, si nous en croyons les griefs de l'abbé Fleury, qui dénonça les abus et y chercha un remède.

II

Principales idées de la première partie du Traité

Fleury prétend ne traiter que des études qui se font en particulier, et ne donner des avis qu'à ceux qui instruisent les enfants dans les maisons et sont libres de suivre la méthode qui leur paraît la meilleure ; toutefois, il croit nécessaire de considérer d'abord le cours d'études établi dans les écoles publiques, afin de s'y conformer le plus qu'il pourra. Mais, pour bien connaître l'ordre des études publiques, il trouve bon de remonter jusqu'à leur source et d'en retracer l'histoire depuis l'antiquité jusqu'à son siècle. Tel est l'objet de la première partie de son œuvre, où il fait preuve, comme dans tout ce qu'il a écrit, de beaucoup d'érudition et de goût. Il nous montre que les Grecs étudiaient surtout la grammaire, c'est-à-dire l'art de bien lire et de bien écrire, et par conséquent de bien parler, la rhétorique et la philosophie ; les Romains, à ces études, ajoutèrent celles de la jurisprudence et de la langue grecque. Les chrétiens ne méprisèrent point ces diverses connaissances, car elles leur servaient à réfuter les erreurs des païens ; cependant, ils les sacrifièrent trop à l'étude de la religion ; elles avaient déjà perdu de leur ancien éclat, quand elles faillirent être anéanties par l'invasion des Barbares et par les troubles de l'Occident. Elles refleurirent sous Charlemagne, mais pour être ensuite abandonnées pendant les deux cents ans qui suivirent la mort de ce grand prince. Seuls, les Arabes, qui, du reste, méprisaient l'histoire des autres nations, et les fables des Grecs et des Romains, s'adonnaient avec fruit aux mathématiques, à la physique, à la médecine et à la philosophie. Remarquons, en passant, que Fleury, éclairé par ses savantes recherches, combat, en parlant de la science des Arabes, le préjugé contemporain, savoir, que « tous les mahométans, sans distinction, aient toujours fait profession d'ignorance. »

Les autres peuples de l'Europe souffraient alors du malheur des temps. Les moines se contentaient de transcrire la Bible et les Pères ; et ceux qui voulurent ajouter quelque chose à la simple lecture des Livres saints, donnèrent dans le raisonnement et traitèrent la doctrine de l'Écriture par la forme et les organes de la dialectique et de la métaphysique, tirées des écrits d'Aristote : en un mot, par la méthode scolastique. Heureusement que saint Anselme, Pierre de Blois et surtout saint Bernard, rejetant de vaines curiosités, suivirent l'exemple des Pères. Mais, ces sages exceptés, les esprits ne philosophaient alors que sur les mots et sur les pensées, sans examiner les choses en elles-mêmes. De là la décadence de toutes les sciences. Combien Fleury, d'accord avec Rabelais, qui s'est tant moqué des puérilités de la scolastique, n'a-t-il pas raison d'attaquer ce procédé stérile ! Son goût judicieux voit à merveille qu'il eût fallu revenir à l'expérience, surtout pour la physique et la médecine, que l'on allait alors chercher dans les livres, comme si la nature ne pouvait plus être interrogée !

Toutes les études se réduisaient à quatre genres ou facultés. Il y en avait trois principales : la théologie, le droit, la médecine ; la première comprenait toutes les études *des préliminaires*, que l'on estimait nécessaires pour arriver à ces hautes études, et que l'on appelait d'un nom général, *les arts.* Les arts comprenaient la grammaire, la rhétorique, la dialectique, l'arithmétique, la musique, la géométrie et l'astronomie. Donc, nos ancêtres, joignant les quatre études principales qu'ils nommèrent *Facultés*, appelèrent ce composé *Université des études*, et, enfin, simplement *Université*, pour marquer qu'en une seule ville on enseignait tout ce qu'il était utile de savoir.

Telles étaient à peu près les études en France et en Europe, quand on recommença, au seizième siècle, à s'appliquer principalement aux *humanités*, c'est-à-dire à la grammaire et à l'histoire. Fleury. qui admire la renaissance des lettres antiques, n'épargne pas les éloges aux savants qui s'appliquèrent à lire et à expliquer les auteurs grecs ou latins ; mais il blâme avec raison ceux qui pensaient que se servir des anciens, « c'était les savoir par cœur, parler des choses dont ils ont parlé, et redire leurs propres paroles ; au lieu que, pour les bien imiter, il fallait choisir les sujets qui nous conviennent, comme ils se sont appliqués à ceux qui leur convenaient, les traiter, comme eux, d'une manière solide et agréable, et les expliquer aussi bien en notre langue qu'ils les expliquaient en la leur (1). »

(1) Page 18, 2ᵉ colonne. Édition de Paris. Desrez, 1837.

III

Sages réflexions de Fleury sur le but des études

Fleury reconnaît que le renouvellement des humanités a rendu nos études plus solides et plus agréables ; mais il a raison de regretter qu'elles soient d'ailleurs devenues plus difficiles ; car l'on a plutôt augmenté que changé, et l'on a voulu tout conserver. Pendant qu'il raconte la naissance de la pensée, la création des règles logiques qui l'enchaînent ou la développent, sa lutte contre la barbarie et ses progrès toujours croissants, une crainte le préoccupe toujours. Il a peur que la jeunesse ne se livre à des études inutiles ou de pure curiosité. Il nous invite à suivre l'exemple des Grecs et des Romains, qui acquéraient les connaissances les plus avantageuses pour la religion, pour la politique et pour la conduite particulière de la vie, laquelle doit, dit-il, être le but des études. Pourquoi les Romains apprenaient-ils le grec ? C'est que c'était une langue vivante et la langue du commerce sur la mer Méditerranée et dans tout l'Orient. Fleury condamne la curiosité de ceux qui, sous Charlemagne, étudiaient l'astrologie et s'attachaient scrupuleusement aux mots et aux phrases des anciens auteurs ; des philosophes arabes, qui n'étudiaient que le merveilleux, le rare, le difficile, aux dépens de l'agrément, de la commodité et de l'utilité.

Il y a deux méthodes d'enseignement ; j'appellerai l'une poétique, l'autre positive. La méthode poétique se propose avant tout de développer l'esprit et le cœur de l'enfant, et de le préparer à la vertu ; la

méthode positive tourne tout à l'utilité réelle et pratique. Laquelle doit-on préférer ? Question éternelle, comme celle de l'éducation par l'Etat ou par
la famille. Bien que Fleury, définissant l'étude, dise
qu'elle doit « nous fournir les moyens de bien agir
et d'user honnêtement du repos, » il marque partout sa préférence pour la méthode positive ; toutefois, il tempère les deux méthodes l'une par l'autre,
et ses doctrines n'ont rien d'exclusif. Bien que plein
de souvenirs de Platon et d'Aristote, il corrige leurs
théories sur l'éducation. Ces deux philosophes, en
effet, sont d'accord pour la diriger vers un seul but,
la vertu, et ils entendent par ce mot la disposition
d'une âme noble et libre, incapable d'actions hon-
teuses. Pour atteindre à un but si élevé, l'enseignement des arts mécaniques et des sciences pratiques
est d'un bien faible secours ; il ne doit pas sans doute
être négligé, puisque tout homme doit savoir ce qui
lui est utile pour la vie ; mais il doit se borner à l'indispensable, et l'objet principal des études doit être le
beau, et avec lui, le bon. C'est pourquoi Platon et Aristote accordent une si haute importance à la musique,
qui n'était pas, chez les anciens comme chez nous, un
art à part, mais était toujours associé à la poésie, et la
comprenait même ordinairement. Les hommes libres,
selon Platon et Aristote, doivent être des hommes de
loisirs : il faut donc que l'éducation les prépare à occu-
per noblement leurs loisirs. Mais Fleury ne rejette pas
de l'enseignement ce qui est inutile pour former un
homme à la science et à la vertu, par exemple, les arts
mécaniques, qui, selon Aristote, déforment le corps
et ôtent à la pensée son élévation, et les travaux ma-
tériels. Il invite, au contraire, les enfants, même de

qualité, à aller « voir travailler les tailleurs, les tapissiers, les maçons et tous les ouvriers qui servent
au bâtiment (1) ; » car ce sera un grand divertisse-
ment pour eux, et, comme ils veulent tout imiter,
ils ne manqueront pas de se faire des jeux de tous
ces arts, et apprendront ainsi beaucoup de mécani-
que. Dans la société où vit l'écrivain, cette étude n'a
plus rien qui sente le mercenaire et l'esclave, comme
dans les anciennes républiques de la Grèce.

Une autre question divisait encore les esprits, au
temps de Platon et d'Aristote : celle de l'éducation
par l'Etat ou par la famille. Platon et Aristote, pour
qui l'Etat se compose de familles, comme les familles d'individus, subordonnent l'individu à la famille et la famille à l'Etat. Nul ne s'appartient à
soi-même, et l'individu appartient à l'Etat. C'est
donc à l'Etat à faire son éducation. De plus, c'est
par les mœurs que les gouvernements se maintien-
nent, et il faut que les mœurs soient d'accord avec
la forme du gouvernement. C'est l'éducation qui
forme les mœurs ; elle doit donc être entre les mains
de l'Etat. Enfin, comme l'Etat ne peut subsister sans
unité, il importe que tous les citoyens soient élevés
dans des sentiments identiques : « Ce qui est commun doit s'apprendre en commun (2). » Tels étaient
les principes de l'antiquité. Cependant on s'en était
relâché dans la pratique, et Aristote se plaint que,
de son temps, chacun instruisît chez soi ses enfants,
à sa fantaisie, et par les méthodes qui lui plaisaient.
Ainsi, la lutte entre l'éducation publique et l'éduca-

(1) Page 41, colonne 1.
(2) Pol., VIII, § 2.

tion privée, entre la liberté des familles et les droits de l'Etat, n'est pas d'hier. J'aimerais que Fleury eût, après Platon et Aristote, discuté cette importante question. Quoiqu'il n'en dise rien, il est clair qu'il n'admet pas la doctrine rigoureuse des deux philosophes, et que, s'il ne refuse pas à l'Etat le droit d'enseigner, il accorde beaucoup à la liberté des familles. Toutefois, partant de ce principe d'Aristote, qu'il faut des mœurs démocratiques à la démocratie, monarchiques à la monarchie, il s'étonne, dans son épître à M. d'Ormesson (1), de l'absurdité d'une monarchie qui permet, que dis-je ? qui solde une éducation républicaine. Il prévoit que le système d'instruction publique qui règne en France contribuera à ruiner la monarchie ; et l'évènement justifiera ses craintes.

Ainsi, une préférence avouée pour la méthode positive d'éducation, mais qui n'en exclut pas la méthode poétique ; le partage de l'enseignement entre l'Etat et la famille ; la nécessité de former la jeunesse à des mœurs d'accord avec la forme du gouvernement : telles sont les doctrines principales qui se dégagent de la première partie du traité de Fleury.

IV

Vertus que Fleury exige des maîtres et des professeurs

L'objet de la seconde partie, c'est le choix des études. Mais l'auteur s'en écarte d'abord un peu,

(1) Vers 12 et 13.

pour parler des premières instructions et de la méthode générale d'enseignement, des maîtres et des
enfants. S'il n'a pas contribué à rendre les professeurs plus doux, du moins il a eu le mérite, disons
plus, la gloire de leur rappeler, dans des termes
touchants, qu'ils doivent se conformer à l'âge, aux
sentiments et aux besoins de leurs élèves. Pourquoi
ne pas croire, du reste, que la lecture des conseils
de Fleury ait exercé, autant que le progrès des
mœurs, son heureuse influence sur le caractère des
maîtres ?

Quintilien (1) les avait déjà vivement exhortés à
pardonner beaucoup à l'enfance, et à lui épargner
les châtiments corporels, qu'il jugeait indignes d'un
homme libre. Sénèque, à son tour, montre éloquemment, dans son traité de la Clémence (2), qu'il y a loin
entre un maître qui châtie cruellement ses élèves
pour un défaut de mémoire ou d'attention, et celui
qui les corrige et les instruit par de douces répri-
mandes. Cependant, l'usage de frapper les enfants
avait prévalu. Nous savons ce qu'en pensait Rabelais; Montaigne, tenant presque le même langage que
Rabelais, comparait les écoles de son époque à des
prisons où l'on n'entendait que les cris d'enfants
battus de verges, et de maîtres rouges de colère (3).
Enfin, pour la première fois depuis Montaigne,
Fleury invite les maîtres à la douceur, et les enfants
aux jeux de leur âge. Il veut qu'on les instruise en
les amusant, qu'on leur orne l'esprit des faits les

(1) *De inst. oratoria*, I, 3.
(2) I, § 16.
(3) *Essais*, I, I, ch. XXV.

plus curioux do l'histoiro, mis à lour portéo, ot qu'on lour laisso rodiro ce qu'ils ont appris quand *« ils sont en belle humour »*. Quo les paronts les aidont doucemont on toutes chosos, n'abusont jamais do lour crédulité, et, surtout, no so fassont pas un divertissomont do lour gontillosso dans los **salons**, commo s'ils *« étaiont do potits chions ot do potits singos ; »* car, ajoute-t-il avec uno naïvoté charmanto, co sont des créaturos raisonnables quo l'Evangilo nous défend do mépriser, par cotto hauto considération qu'ils ont des angos bionhouroux pour los gardor. » Imago religiouso qui dut bion surprendro ces maîtres à facos rofrognéos, qui n'apparaissaiont dans los classes quo la menaco à la boucho ot le fouot à la main !

Mais il no suffit pas do rospector los onfants : lo maîtro n'a rion fait, s'il no frappe lours youx des images los plus graciouses, lours oroillos des sons los plus doux, s'il no développe dans lour âmo lo sentimont du beau. « Jo voudrais, dit-il, quo la promièro égliso où l'on porte l'onfant fût la plus bello, la plus clairo, la plus magnifiquo ; qu'on l'instruisît plus volontiors dans un beau jardin ou à la vuo d'une bello campagno, par un beau tomps ; jo voudrais quo les promiers livros dont il so servirait fussont bien imprimés et bion reliés ; quo lo maître lui-mêmo, s'il était possible, fût bion fait de sa porsonne, propre, parlant bion, d'un beau son do voix, d'un visago ouvort, ot agréablo on toutes ses manièros. » La plupart des onfants, ajoute-t-il, conservont du mépris pour ce qu'ils ont appris de gens trop vieux, chagrins ot maussades; et lo dégoût des écolos publiques, quand ce sont de vieux bâtiments qui man-

quent de lumière et de bon air, passe jusqu'au latin
et aux études.

Il y a bien quelque trace de chimérique dans ce
désir, qu'exprime Fleury, de rencontrer des maîtres
doués de tant de qualités. Mais rien de plus juste
que ses réflexions sur la nécessité de ne pas les
prendre trop vieux : l'Université pourrait trouver
là un avertissement, et en prendre occasion d'assu-
rer plus tôt une retraite à ses professeurs. Elle
pourrait aussi, en ce qui concerne l'ameublement
de certains lycées, suivre le conseil de Fleury; car,
pourquoi ne pas le dire? j'ai professé moi-même (1)
dans une salle dont le plancher pourri, les tables et
les bancs chancelants et vermoulus offraient l'aspect
le plus désagréable et même le plus rebutant. Quant
aux vues de Fleury sur l'avantage d'un jardin près de
l'école, disons qu'elles ont été de nos jours appliquées
par les Allemands, et que la France s'y conforme le
plus qu'elle peut de nos jours. Enfin, nos éditeurs
répandent, peut-être trop, les ornements dans les
livres qu'ils mettent entre les mains de nos enfants ;
car, s'il est vrai que les illustrations rendent le travail plus attrayant et gravent plus facilement dans
leur esprit les grands souvenirs de l'histoire, les
noms des hommes illustres, les détails géographi-
ques, elles risquent aussi de donner à leur imagina-
tion des habitudes de paresse.

S'il nous est permis de comparer, chemin faisant,
les principes de Fleury avec ceux des écrivains qui
ont traité de l'éducation, faisons remarquer que
Montaigne, Rabelais et Bossuet sont d'accord avec

(1) A Limoges, 1872.

lui pour exciter l'enfant à l'étude par le plaisir. Montaigne voudrait que l'école fût jonchée de fleurs et de feuillage : « J'y ferais, dit-il, pourtraire la Joye, l'Alaigresse, et Flora, et les Grâces (1). » Dans Rabelais, Ponocrates permet à Gargantua les jeux les plus variés ; et il le conduit, chaque mois, hors de la ville, dans une fraîche et délicieuse prairie, pour y passer la journée « à faire la plus grande chiere dont ilz se pouvoient adviser (2). » Enfin, Bossuet mêlait quelques divertissements aux graves études du Dauphin, afin de tenir l'esprit de ce prince dans une agréable disposition, et de ne point lui faire paraître l'étude sous un visage hideux et triste qui le rebutât (3).

Ce n'est pas que Fleury espère toujours conduire les enfants par le plaisir. Il craint même qu'ils ne se familiarisent trop avec le maître, s'il est toujours en belle humeur, et, qu'en cherchant à les réjouir, il ne leur découvre quelque faiblesse. Il faut donc qu'il reprenne souvent le caractère sérieux qui lui convient le plus, et qu'il menace de temps en temps. Si des menaces il faut passer aux châtiments, il n'aura jamais de véritable colère, (4) et fera en sorte que la punition soit regardée par l'enfant, non comme un malheur, mais comme une justice.

Rollin, qui admire Fleury pour sa piété et son amour de l'enfance, et le loue excellemment de s'être étudié à parler la langue du jeune âge et à

<hr>

(1) *Essais*, l. 1, ch. xxv.
(2) L. XXIV.
(3) Lettre au pape Innocent XI. *Tristis et horrida doctrinæ facies.*
(4) *Irascimini, et nolite peccare* (Ps. de David).

bégayer, pour ainsi dire, avec lui, propose les mêmes moyens de donner de l'attention. Du reste, la parenté de ces deux esprits est manifeste. Tous deux, nourris, pour parler comme Rollin, du lait de la doctrine chrétienne et dévoués à l'humanité, ont consacré leur vie à l'enseignement de la religion et des lettres, et à la composition d'ouvrages d'éducation. Donc, Rollin est aussi plein de tendresse et de bonté pour les enfants. Quand il parle des châtiments, combien il se montre, comme Fleury, doux et ferme en même temps ! L'emploi des verges lui semblant recommandé par l'Écriture, il n'ose pas, il est vrai, les proscrire ; car il respecte trop les saints Livres ; mais il ne croit pas que l'Écriture, si charitable et si miséricordieuse pour les hommes mêmes, ait voulu être si sévère et si rigoureuse pour les enfants, dont les fautes viennent plutôt de l'oubli et de la légèreté que de la malice. En un mot, Rollin et Fleury attirent l'enfant à l'étude par le plaisir, et le retiennent, quand il le faut, par la crainte et les punitions.

En effet, l'éducation publique et privée, avant et après Jésus-Christ, se fonde sur ce principe : que l'homme, libre dans ses actions, doit être averti, au nom de l'expérience et de la morale, de sa liberté ; mais que si, malgré l'avertissement qu'il a reçu, il préfère le mal au bien, il mérite d'être puni. Pour la même raison, s'il fait bien, il reçoit d'ordinaire une récompense, qui, sans lui être due parce qu'il s'est acquitté de son devoir, l'accoutume insensiblement à la vertu. Rousseau, oubliant ce principe, ne veut ni récompense ni punition pour l'enfant, sous le prétexte que celui-ci, naturellement bon, n'a pas plus de mérite à être vertueux que l'oiseau, et qu'il ne peut rien faire de mal. Dans les premières pages de l'*Emile* (1). il appelle bon tout ce qui est sorti des mains de la nature. Mais, si elle nous a faits bons, pourquoi nous a-t-elle faits libres ? Quiconque est libre peut, s'il rencontre deux routes, comme l'Hercule de Prodicus, choisir l'une ou l'autre. Mais comment choisira-t-il, s'il ne peut également suivre la bonne ou la mauvaise ? Direz-vous que le bien et le mal, dont j'aurai choisi l'un ou l'autre, viennent, l'un de la société, l'autre de l'homme ? Mais comment imaginer qu'une société soit mauvaise, si aucun des membres qui la composent n'est capable de mal faire ? Rousseau est dupe d'un sophisme, et laisse à l'enfant une indépendance aveugle, sans songer qu'elle sera pour lui une source d'accidents et de maladies, qui amèneront peut-être la mort.

Le mieux est donc de nous en tenir aux idées de Rollin et de Fleury, et de mêler à la douceur une sévérité opportune. Mais la crainte d'un excès a fait, aujourd'hui, tomber dans un autre : combien, en effet, de maîtres ne cèdent-ils pas à une coupable faiblesse, surtout depuis qu'on a vu des ministres de l'instruction publique flatter les élèves de nos lycées ? Que Dieu me garde de regretter le temps de la férule, dont se servait Orbilius pour mieux faire entrer dans la tête d'Horace les vers de Livius (2) !

(1) Livre I.
(2)   .... Memini quæ plagosum mihi parvo
              Orbilium dictare   (*Ep.* II, I, v. 70, 71.)

Mais n'allons pas jusqu'à craindre nos élèves. Il y a un milieu entre la faiblesse et la violence.

Inutile de faire longuement remarquer qu'un écrivain de la piété et de la vertu de Fleury exige du maître des mœurs irréprochables, parce que les élèves s'arrêtent bien moins à ce qu'il dit qu'à ce qu'il fait, les actions étant des preuves plus sûres de ses sentiments que ses paroles. Aujourd'hui, plus d'un professeur croit qu'il n'a plus rien à démêler avec ses fonctions et avec ses chefs, une fois qu'il est descendu de sa chaire. Tel n'est pas, bien entendu, l'avis de Fleury, qui dit très-bien que la plus grande difficulté qui se rencontre dans les instructions de morale, c'est « le mauvais exemple et la corruption des mœurs, *non-seulement dans le public, mais souvent aussi dans le domestique* » Il n'est assurément pas de maître qui ne se trouve fort bien de rester fidèle à ce principe.

V

Des études que Fleury estime nécessaires à tous

Fleury passe à l'examen des études nécessaires à tout le monde, puis de celles qui sont surtout à l'usage des hommes de loisir, comme les riches et les gens de qualité.

Et d'abord, quelle que soit la condition où la Providence nous a placés, notre devoir est de bien penser et de bien agir. « Tous les hommes ne sont pas obligés d'avoir de l'esprit, d'être savants ou habiles dans les affaires ;... mais il n'y a personne qui ne soit obligé à bien vivre. » La première étude doit

donc être celle de la vertu, et l'on ne saurait la
commencer trop tôt, ni y consacrer trop de soins.
Fleury semble, à ce propos, répondre d'avance aux
objections des publicistes contemporains qui veulent
reléguer, dans l'église ou dans le temple, l'enseignement de la morale et de la religion, ces deux sciences
inséparables, et laisser aux évêques et aux prêtres
le soin d'en donner des leçons. « On ne voit, dit-il,
que trop combien le fruit des instructions publiques
est petit, à moins qu'elles ne soient préparées et
soutenues par les instructions domestiques. » Oui,
la morale et la religion sont si précieuses, que l'enfant a besoin de les apprendre à la fois de l'évêque
ou du prêtre, de l'instituteur ou du professeur, de
sa mère, et de son père.

Les esprits les plus éclairés et les plus prévoyants
accordent, avec Fleury, qu'on ne peut travailler de
trop bonne heure aux instructions morales et reli-
gieuses ; mais Jean-Jacques les écarte de l'enfance
et de la première jeunesse. Il estime même que
l'élève, à l'âge de quinze ans, n'a pas l'intelligence
assez développée pour croire à l'existence de Dieu ;
et il doute qu'il soit à propos de lui parler, à dix-
huit ans, de l'existence de l'âme. Il demande donc
que le corps d'Émile soit fréquemment exercé, mais
que son esprit reste oisif. Si vous en croyez Rousseau, vous ne mènerez jamais votre fils à l'église, de
peur qu'il ne devienne impie ; vous ne lui défendrez
pas d'avoir des vices, de peur qu'il n'en contracte
quelques-uns ; vous ne lui apprendrez rien, de peur
de l'induire en quelque erreur ; vous ne lui permet-
trez d'étudier ni langues, ni géographie, ni histoire,
de peur qu'il ne dérobe quelques heures à ses plai-

sirs. Cependant, il viendra un jour où Rousseau mettra un livre entre les mains d'Emile : non le jour où l'enfant, excité par le goût du vrai, se croira obligé de connaître la nature au milieu de laquelle il vit ; mais bien celui où un de ses camarades l'aura prié de venir manger avec lui quelques friandises. Ce jour-là, son précepteur saisira l'occasion de l'instruire. Emile, en effet, voudra lire la lettre qu'il aura reçue ; et, s'il apprend à lire, il le devra à sa gourmandise. Encore un sophisme de Rousseau, qui croyait connaître le caractère des enfants sans l'avoir fidèlement observé. Ces doctrines, ce semble, les feraient descendre au niveau de la brute.

Écoutons, au contraire, comment Ponocrates élevait Gargantua. Il lui faisait lire, « pendant qu'on le frottoit, quelque pagine de la divine Escripture, haultement et clerement..... Selon le propous et argument de ceste leçon, souventes foys se adonnoit à reverer, adorer, prier et supplier le bon Dieu, duquel la lecture monstroit la maiesté et jugemens merveilleux (1). » Malgré les différences qui séparent Bossuet de Rabelais, et permettent à peine de les rapprocher l'un de l'autre, le précepteur du grand Dauphin ne faisait pas autrement que celui de Gargantua, puisqu'il commençait l'étude de chaque jour, soir et matin, par les choses saintes, et que le prince, demeurant découvert pendant la leçon, les écoutait avec beaucoup de respect (2).

Fleury, comme Bossuet, n'a rien plus à cœur que de pénétrer les âmes de sentiments chrétiens. De

(1) *Gargantua*, XXIII.
(2) *Lettre à Innocent XI.*

pour que les enfants n'admirent trop les auteurs de l'antiquité païenne, il oppose à leurs mérites et à leur génie ceux des auteurs chrétiens ; il compare à Démosthène et à Cicéron, saint Augustin et saint Jean Chrysostome ; Prudence à Horace ; il fait ressortir éloquemment la supériorité de l'Evangile sur la philosophie ancienne, et il souhaite que la jeunesse ne reste pas étrangère à la connaissance des plus beaux endroits de l'Ecriture sainte, des Pères et de l'Histoire religieuse. Nul doute qu'en pro,osant ce genre d'étude, il ne se souvienne de Bossuet qui, en faisant connaître au Dauphin la propriété (*sic*) (1) et l'élégance de la langue latine, ne s'écarte jamais de son principal dessein, lequel était de faire servir ses études à acquérir, nonseulement la connaissance des mœurs et de la politique, mais la piété ; qui lui fit parcourir l'ancien et le nouveau Testament, pour l'accoutumer à être juste et bon, à ouvrir son cœur à la foi chrétienne et à craindre Dieu ; qui, à cette lecture, ajouta celle de la vie des saints, les actes les plus illustres des martyrs et de l'histoire religieuse, afin de divertir le prince en l'instruisant.

Il semble que le désir de l'abbé Fleury ait attiré l'attention du ministre de l'instruction publique qui, pour faire prendre aux élèves de nos collèges et de nos lycées quelque teinture des lettres chrétiennes, a dernièrement prescrit, ou du moins recommandé d'expliquer, dans la classe de seconde, des morceaux choisis des Pères de l'Eglise latine (2). Sa décision n'a-t-elle pas été un hommage, si je puis dire, rendu

(1) *Proprietatem.*
(2) Nous regrettons que cet usage ait été abandonné depuis.

à Fleury, qui désirait que cette lacune, dans l'enseignement, fût enfin comblée ? Comme Bossuet, il voulait orner l'esprit de l'enfant par l'étude des lettres antiques, et former son cœur par la morale chrétienne. Car l'éducation chez les païens visait à rendre l'enfant hardi et fier, et le préparait aux luttes de la vie publique ; tandis que chez les chrétiens elle lui inspire la défiance de lui-même, le désir de se dévouer à ses semblables, et de vivre en paix avec eux. Tel est le but vers lequel Bossuet tournait sagement l'étude de l'antiquité païenne, quand il marquait à son royal élève ce que la philosophie chrétienne condamnait dans la doctrine admirable et sublime de Socrate, ce qu'elle y ajoutait, ce qu'elle y approuvait, et combien elle s'élevait au-dessus.

Fleury, tout en enseignant la morale, qui doit, dit-il, régner pendant toute l'éducation, éclaire la raison et forme l'esprit de l'enfant. Beaucoup de lecteurs, qui savent qu'aujourd'hui la logique n'est enseignée que pendant la dernière année d'études, pourront s'étonner qu'il mette la logique et la métaphysique parmi les premières instructions. Mais, si nous allons au fond de sa pensée, ces deux mots n'auront plus rien qui puisse effrayer. Car il entend cette logique qu'enseignait Socrate, quand il *accouchait les esprits*, et qu'il les faisait ressouvenir de ce qu'ils savaient, c'est-à-dire des idées simples d'être, de substance, de pensée, de volonté, d'étendue, de nombre, de mouvement, de durée, de sentiments ; cette logique qui donne des règles pour aider la raison, et quelques axiomes où doit remonter tout homme qui raisonne, pour en faire le fondement de tous ses raisonnements. Comme il tient, par dessus tout, à la rectitude du jugement, il ramène, pendant tout le cours des études, l'élève à la pratique de cette science, par laquelle l'esprit ne s'arrête ni à l'autorité des autres ni à ses préjugés, mais cherche toujours une vérité si claire qu'il ne la puisse révoquer en doute, et d'où il tire hardiment toutes les conséquences. Sa préférence pour la logique lui inspire même un certain mépris pour les autres parties de la philosophie que, du reste, l'abus de distinctions et de division stériles avait discréditée au moyen âge et au seizième siècle ; et puis, il n'espère pas que beaucoup de ceux qui étudient deviennent véritablement philosophes, et ne suivent, dans la conduite de leur vie, que la raison et la vertu. Aujourd'hui, que la philosophie s'est débarrassée de ses subtilités, Fleury changerait peut-être de langage ; et il trouverait, comme Rollin, que les jeunes gens destinés à remplir, dans l'Etat, des fonctions élevées, ont besoin de s'appliquer à toutes les parties d'une science qui sert à corriger les mœurs, à perfectionner la raison et le jugement, à orner l'esprit de maintes connaissances, et à fortifier l'amour de la religion. Cette réserve faite, sachons-lui gré d'avoir insisté, à son époque, sur la nécessité de cultiver la raison, plutôt que de se charger la mémoire des règles si bizarres de la scolastique.

Après l'âme, il n'y a rien de plus précieux que le corps, qui, s'il est bien disposé, permet à la plus noble partie de nous mêmes de bien agir. Il faut donc, par de fréquents exercices, par de pénibles travaux, par la tempérance, par l'étude des principes élémentaires de la médecine, conserver au corps sa santé et sa force, et même sa beauté ; ou, s'il n'a pas reçu ces qualités de la nature, les lui acquérir autant qu'il sera possible. C'est l'opinion, non-seulement de Fleury, mais de Rabelais, qui se plaît à énumérer les mille exercices auxquels se livre Gargantua ; et de Bossuet, qui avait confié a Montausier le soin de fortifier le corps du Dauphin, *quam valentissimum faciendi.*

Fleury blâme justement son siècle de sa négligence à exercer le corps des enfants. Notre époque a trop longtemps mérité le même reproche ; et peut-être nos récents ministres ont-ils trop tardé à porter remède à un mal dont la France a certainement souffert, quand ils ont remis en honneur, dans nos écoles, la gymnastique. L'expérience a prouvé, dans une guerre récente et dont le souvenir attristera longtemps nos cœurs, que la jeunesse, appelée à défendre nos frontières, a plus d'une fois succombé pour n'avoir pu supporter des privations et des fatigues auxquelles elle n'avait pas été accoutumée par une vigoureuse éducation. Ce n'est pas que nous désirions aux élèves de nos écoles les forces des athlètes antiques, ni que nous prenions à la lettre le mot de Voltaire : « Le corps d'un athlète et l'âme d'un sage, voilà ce qu'il faut pour être heureux(1) ; » mais quoi de plus désirable, pour eux, que les deux précieuses qualités que marque ce vers si connu de Juvénal :

Orandum est, ut sit mens sana in corpore sano (2).

Par l'importance qu'il attache aux exercices du corps, Fleury se rapproche des anciens, chez les-

______

(1) Lettre à Helvétius, 1760.
(2)   Ut tamen et poscas aliquid, voveasque sacellis
        Exta et candiduli divina tomacula porci,
        Orandum est ut sit mens sana in corpore sano.
                (Sat. X, Vota).

quels l'éducation comprenait deux parties : la musique et la gymnastique. La musique attendrissait le dur courage par l'effet de la poésie, des beaux-arts, de l'harmonie et des proportions ; la gymnastique, au contraire, lui donnait le sentiment de ses forces, l'audace et l'énergie. La gymnastique et la musique, selon Platon (1) et Aristote, devaient, par suite, s'unir dans une saine éducation, pour produire dans l'âme, par une tension ou un relâchement opportun, le courage et la sagesse, ces deux qualités indispensables au défenseur de l'État, qui doit être à la fois, comme le chien, dur pour ses ennemis, doux pour ses amis, plein d'audace dans le combat, plein de modération dans la paix, capable à la fois d'affronter le péril et de l'éviter, s'il est nécessaire. Voilà pourquoi Xénophon lui-même loue, dans la *Cyropédie* (2), les Perses d'accoutumer leurs enfants à chasser, et à ne se nourrir que d'eau, de cresson et de pain : opposant ainsi, aux mœurs déjà corrompues de la démocratie athénienne, celles de l'Asie, dont il se formait, du reste, une image vraiment trop flatteuse. Quoi qu'il en soit, nous ferons bien d'imiter l'exemple des Grecs, et de former des citoyens utiles pour la paix et pour la guerre, en exerçant, en même temps, leur esprit et leur corps.

Après avoir expliqué les études à l'usage de toutes sortes de personnes, et qui regardent la religion, les mœurs, la conduite de l'esprit et la santé, Fleury observe avec raison qu'il faut en apprendre à cha-

(3) Rép., III.
(1) Livre I, § 2.

cun suivant sa condition. Mais il termine par une réflexion qui doit étonner, de nos jours surtout, où les partisans de l'enseignement obligatoire semblent sur le point de triompher. « Pour les pauvres, dit-il, il suffira des instructions d'un curé soigneux de son devoir, d'un maître de petites écoles ou d'un père raisonnable ; ils peuvent même, pour la plupart, *se passer de lire et d'écrire*, et j'estime beaucoup plus nécessaire qu'ils soient instruits de tout ce que j'ai expliqué, autant qu'ils en seront capables (1). » Peu de gens oseraient, aujourd'hui, soutenir cette doctrine. Pour ne pas trop en vouloir à Fleury, il faut songer au préjugé de son temps, qui admettait encore la division de la société en classes. Il était l'ami de Fénelon, qui, comptant avec les priviléges de son temps, et oubliant presque, par je ne sais quelle contradiction, l'esprit du christianisme, détruisait l'égalité des petits et des grands, des riches et des pauvres, dans la cité de Salente, en accordant tout aux nobles, et en ne laissant aux autres citoyens que la peine de s'élever aux emplois par le travail et par le mérite ; de Bossuet, qui admirait complaisamment la loi égyptienne assignant à chacun son emploi, sans songer à la contrainte que l'hérédité des professions faisait peser sur les vocations naturelles, et qui risquait d'anéantir les talents. Nous voulons aujourd'hui que les pauvres reçoivent leur part d'instruction, et qu'ils sachent au moins lire et écrire, tout en admettant, comme Fleury, que l'on peut être homme de bien et capable de rendre des

(1) Partie II, § 8.

services dans la vie, sans avoir beaucoup de lettres :

> Quam vellem ignarus haberi,
> Dum bonus officiisque humanis aptus haberer (1) !

Ces restrictions faites, ne soyons pas trop sévères pour Fleury, qui, d'ailleurs, forme des vœux ardents pour l'instruction religieuse et morale du peuple, dans un temps où elle était encore si négligée.

VI

Des études que Fleury estime nécessaires aux riches

Fleury en vient aux études qui servent pour les affaires, et qui, par conséquent, sont encore communes à tous ceux qui ont du bien. Ces études sont la grammaire, l'arithmétique, l'économie et la jurisprudence, et fournissent encore à l'auteur les réflexions les plus originales. Pour la grammaire, qu'il définit l'art « de lire et d'écrire, de parler bien le français et de l'écrire correctement ; » si les enfants apprennent depuis longtemps à lire en français, et étudient les règles de leur propre langue dans les livres composés en français, ils le doivent peut-être en partie à Fleury, qui a demandé cette réforme. « On fait, dit-il, lire d'abord en latin, parce que nous le prononçons plus comme il est écrit que le français ; mais je crois que le plaisir qu'aurait un enfant d'entendre ce qu'il lirait et de voir l'utilité de

(1) Lettre à Montmor.

son travail l'avancerait bien autant ; c'est pourquoi, je voudrais lui donner bientôt quelque livre français qu'il pût entendre. » J'étonnerai peut-être, en disant que Fleury exprimait une pensée réellement neuve, et presque hardie, en invitant les hommes de son temps à l'étude de leur langue maternelle. Cependant, même en plein dix-huitième siècle, tout le monde n'était pas encore d'avis qu'il fallût énoncer en français les règles de la grammaire latine, comme s'il n'eût pas été naturel de passer d'une chose connue à une chose inconnue, et aussi absurde et contraire à la raison de donner en latin les principes de la langue latine, que ceux de la langue grecque et des langues étrangères. C'était, d'ailleurs, un usage si bien reçu d'employer la langue latine dans l'enseignement, que Rollin s'excusait d'avoir écrit en français son *Traité des études*, et d'y avoir cité des morceaux choisis des auteurs français. Il ajoutait qu'il était honteux pour des Français de ne point savoir leur propre langue, et que, s'ils voulaient dire la vérité, ils reconnaîtraient qu'ils ne l'avaient jamais apprise (1).

Fleury espère que son élève, avec peu de préceptes et beaucoup d'exercice, apprendra, en trois années au plus, autant de grammaire qu'il en faut à un « honnête homme » pour l'usage de la vie, et il estime que la plupart pourraient en demeurer là, et n'apprendre point de langue étrangère. Cette réflexion est une des plus importantes, des plus neuves de son livre, et mérite particulièrement d'être remarquée. « Les gens d'épée, les praticiens, les fi-

(1) L. I, c. I, § 6.

nanciers, les marchands, et tout ce qui est au-dessous, enfin, la plupart des femmes peuvent se
passer de latin ; l'expérience le fait voir. » Il pro-
clame ainsi la nécessité d'un enseignement secondaire destiné aux marchands et aux bourgeois, et
cela, deux siècles avant la création de notre enseignement *spécial*. Reconnaissons, en effet, que l'éducation que nous appelons *secondaire* doit suivre deux
routes : l'une, où marche depuis longtemps et avec
éclat l'Université, et qui a continué de conduire aux
fonctions publiques et libérales. Qu'elle reste toujours ouverte ! Cependant, n'appelons pas à la suivre un trop grand nombre de jeunes gens, et pré-
occupons-nous moins de la quantité que de la qualité de ceux qui se destinent à l'étude des lettres. Il
faut enfin convenir que la plupart des enfants des
classes moyennes sont, dans la société actuelle,
amenés naturellement à demander au commerce les
moyens de s'enrichir, ou même de gagner leur vie.
De là, l'autre route, qui conduit aux professions
spéciales. Bientôt il faudra que la majeure partie des
jeunes gens prenne cette direction. Car, plus le
temps marche, plus ils sont obligés de chercher des
ressources dans leur travail personnel. Tous les jours
augmentent les nécessités de la vie ; tous les jours di-
minue le nombre des pères de famille qui peuvent faire
longtemps des sacrifices pour l'éducation de leurs fils.

Après quelques mots sur l'arithmétique, dont
Fleury recommande l'étude à dix ou douze ans, il
traite de l'*économique*, qu'il compte parmi les études
les plus nécessaires. Rabelais semble avoir déjà fait,
avant lui, le plus grand cas de cette science ; n'était-
ce pas pour l'acquérir que Gargantua devisait, avec

Ponocrates, pendant ses repas, « du pain, du vin,
de l'eaue, du sel, des viandes, poissons, fruictz,
herbes, racines et de l'apprest d'icelles (1) ; » qu'il
« alloit veoir comment on tiroit les métaulx, ou
comment on fondoit l'artillerie ; ou alloit veoir les
lapidaires, orfebures et tailleurs de pierreries, etc.,
et apprenoit et considéroit l'industrie et invention
des métiers (2) ? » Fleury partage l'avis de Rabelais,
quand il écrit : « On leur (aux enfants) ferait voir,
ou dans la maison ou ailleurs, comment on fait le
pain, la toile, les étoffes ; ils verraient travailler des
tailleurs, des tapissiers, des menuisiers, des char-
pentiers, des maçons et tous les ouvriers qui servent
aux bâtiments. » Il se plaint que la plupart des
jeunes gens, au sortir des études, ne sachent pas
« comment ils subsistent, d'où leur vient de quoi se
nourrir, s'habiller, et tout le reste. » Il veut donc
qu'ils connaissent la terre qu'ils habitent, le pain
qu'ils mangent, les animaux qui les servent, et surtout les hommes avec qui ils doivent vivre et avoir
à faire, et qu'ils ne croient pas s'abaisser en con-
sidérant ce qui les environne. Au fur et à mesure
de leurs découvertes, ils se réjouiront et admireront
la bonté de Dieu, dans tout ce qu'il fournit à nos besoins. Cependant Fleury ne prétend pas que l'économique s'apprenne dans les écoles ni dans les
livres, mais bien par la conversation et par la pratique ; il la fait relever moins de la fonction du
précepteur que du soin d'un bon père ou d'un
tuteur affectionné. C'est ainsi que, dans Rabelais,

(1) *Gargantua*, c. XXIII.
(2) *Id.*, c. XXIV.

Gargantua l'apprend de la bouche de Ponocrates.

Nos écoles n'ont donc pas reçu de Fleury le conseil de donner des leçons d'économique, et, par suite, elles en laissent le soin aux pères de famille. Disons toutefois que nous avons été personnellement heureux de voir récemment ajoutée au programme de la classe de Rhétorique l'explication de l'*Économique* de Xénophon. Est-ce notre vœu qui a attiré l'attention du ministre qui a pris cette décision ? Nous ne savons. Mais nos écoles ont répondu, du moins en partie, au désir de Fleury, qui veut mettre en honneur l'étude de la jurisprudence. Il n'y a pas longtemps, en effet, qu'un ministre de l'instruction publique a fait adopter, pour les jeunes gens qui ne se destinent pas aux professions libérales, mais au commerce et à l'industrie, l'enseignement de la législation. Car, pour ceux qui suivent le cours des études classiques et veulent entrer dans la magistrature et dans le barreau, nos écoles de droit les attendent à leur sortie du lycée. Nous approuvons en tout point la mesure créée par M. Duruy, soit que Fleury la lui ait inspirée, soit qu'il n'ait pris conseil que de son expérience. Toutefois, Fleury a mérité que son vœu ne fût pas perdu de vue. Combien de jeunes gens, étrangers à toute connaissance du droit, n'ont-ils point, à leur entrée dans la vie, regretté de ne pas avoir appris, de cette science, l'abrégé dont parle le prévoyant écrivain ? Car, par la jurisprudence, il n'entend pas cette étude si longue et si difficile qui fait les jurisconsultes de profession, mais seulement « ce que chaque particulier est obligé de savoir pour *conserver son bien et ne rien faire contre les lois.* »

Ce conseil s'adresse aux simples particuliers. Mais les jeunes gens qui, par leur naissance, sont réservés à de grands emplois, ont évidemment besoin de quelques instructions plus étendues. Leur jurisprudence, selon Fleury, doit embrasser le droit public ; leur morale, s'étendre jusqu'à la politique. Il avait eu sous les yeux l'exemple de Bossuet, qui avait donné au Dauphin quelque connaissance des lois romaines, en lui faisant voir ce que c'était que le droit, que les contrats, les testaments, les successions ; qui lui avait découvert les secrets de la politique, les maximes du gouvernement et les lois et les coutumes particulières du royaume de France, comparées à celles des autres empires.

Quand il définit la politique, Fleury prouve, encore une fois, combien il est ennemi de la curiosité. Il trouve que les considérations générales sur la meilleure forme d'État et sur les meilleures lois sont fort utiles pour donner à l'esprit de l'élévation et de l'étendue ; mais il craint que « l'on n'en fasse pas l'application sur les exemples particuliers, et que l'on ne se contente des exemples anciens d'Athènes et de Lacédémone ; » il veut qu'on en prenne de modernes, qui nous touchent et nous instruisent mieux. Quand il expose les principes qui doivent diriger le prince, il se rapproche de Fénelon ; il témoigne, comme lui, de son amour pour les hommes, qu'il appelle ses frères, et dont il souhaite le bonheur ; mais il est, comme lui, chimérique, en voulant revenir à Platon. Ajoutons qu'il se trompe encore quand il cherche les principes de la véritable politique dans David et dans Salomon ; car il est tel exemple de Salomon et de David que nous ne conseillerions pas d'imiter.

VII

Des études utiles, ou seulement curieuses

Fleury met au nombre des études qui, sans être
nécessaires, sont cependant fort utiles aux jeunes
gens d'une condition honnête, le latin, l'histoire, la
géométrie, l'histoire naturelle, la rhétorique, la
poétique ; au nombre des études curieuses, la lecture des poëtes anciens, la musique, la peinture, le
dessin ; toutes les mathématiques qui vont au delà
des éléments d'arithmétique et de géométrie ; la
perspective et l'optique, l'astronomie et la théorie
des planètes, la chronologie exacte, la recherche
des antiquités, comme des médailles et des inscrip-
tions, la lecture des voyages, l'étude des langues ;
car, hors le latin, le reste, selon lui, peut se mettre
au rang des curiosités. Il n'en excepte pas le grec,
qui lui semble, du reste, très-avantageux à tous
ceux qui veulent bien savoir les humanités, et principalement aux ecclésiastiques.

S'il paraît étrange que plusieurs des études que
notre époque juge si importantes obtiennent à peine
grâce aux yeux de Fleury, il faut se rappeler le
point de vue où il s'est placé. Il s'est proposé de parler surtout des études domestiques, laissant à ceux
qui ont passé dans les écoles le soin de juger si on
n'y enseigne rien que d'utile, et si on y enseigne tout
ce qui est nécessaire. Or, quand il envisage l'utilité
de telle ou telle connaissance, il songe, non à l'intérêt général, mais à l'intérêt particulier. C'est pourquoi, s'il ne range le grec que parmi les études cu-

rieuses, c'est dans la prévision que son élève ne s'en servira guère dans le cours de sa vie ; il nomme utile l'étude de la langue latine, parce qu'elle sert pour les voyages et pour l'intelligence des prières de l'Église, de l'Écriture sainte et des anciens auteurs. S'il eût considéré l'utilité générale des études, j'aime à croire qu'il eût appelé *nécessaires*, sinon à tout le monde, du moins à un certain nombre de jeunes gens, celle du grec et celle du latin. Que fût-il, en effet, arrivé à notre littérature, si les élèves de nos écoles n'eussent, depuis la Renaissance, appris ces deux langues ? Aurait-elle atteint le degré de perfection où elle s'éleva au dix-septième siècle ? Inutile de dire que celui qui ne sait ni le latin ni le grec ne comprend même pas bien le sens des mots de sa propre langue. Mais une considération bien plus grave, c'est que l'étude des chefs-d'œuvre antiques a été, pour ainsi dire, la source où nous avons puisé les principales beautés de notre littérature : le naturel et la vérité des couleurs dans la peinture des sentiments et des passions, la pureté du goût, la noblesse et l'élévation du langage et du style ; en un mot, presque tout ce qui l'a portée au point où nous la voyons au dix-septième siècle. Aussi, comme la plupart des jeunes gens, dont les pères n'ont pas assez de fortune pour entretenir près d'eux un précepteur, viennent chercher leur instruction dans nos collèges et dans nos lycées, l'Université a cru nécessaire de les former par l'étude de ces deux langues, et de les élever au grand art de bien dire, afin que ceux qui, parmi eux, doivent devenir plus tard des orateurs, des historiens, des poëtes, n'altèrent point l'éloquence par le fard, par l'afféterie, ni par tous les ornements indignes de sa pureté. Dans les écrits des anciens qu'on leur fait lire, ils peuvent aisément, pourvu qu'ils aient un bon guide, « cueillir comme une fleur exquise d'agrément naturel et délicat; ou plutôt faire une ample récolte de fruits admirables pour leur bonté, dont ils feront leur nourriture ordinaire, et, par là, s'accoutumeront à ne goûter que ce qu'il y a de plus parfait (1). » L'idée du beau, qu'ils se rendent familière par « l'habitude avec les anciens, et qui s'est profondément gravée dans l'âme, y produit son effet, » même sans qu'elle y pense, et rend l'ouvrage conforme au modèle; en un mot, fait naître le goût de l'élégance attique et de l'urbanité romaine.

Mais il n'entre pas dans le cadre de notre travail de faire l'éloge des auteurs anciens. Qu'il nous suffise de dire que Fleury, faisant la part de chaque étude, ne traite pas assez libéralement le grec, et ne se préoccupe pas assez de l'avenir de la littérature française.

Si Fleury ne juge pas même *utile* l'étude du grec, Rollin la croit *nécessaire*. Quiconque, à ses yeux, voudra passer pour docte, sera forcé de voyager, pour ainsi dire, longtemps chez les Grecs. La Grèce a toujours été la source du bon goût. C'est là qu'il faut aller chercher les principes de toutes les sciences, qui sont nées et se sont, en grande partie, perfectionnées dans cet heureux pays : l'éloquence, la poésie, l'histoire, la philosophie et la médecine. Si, du reste, Rollin n'a pas, sur cette étude, la même opinion que Fleury, c'est qu'il écrivait surtout pour

(1) Rollin, préface du *Traité des études*.

des professeurs, tandis que Fleury visait à former des citoyens utiles dans la vie. Quoi qu'il en soit, et malgré les pères de famille qui prétendent que leurs fils perdent leur temps à apprendre le grec, c'est à l'Université de résister à ce que Rollin appelait *un torrent*, et de garder le précieux dépôt remis en ses mains et confié à sa fidélité.

Quel n'est pas, pour l'étude du grec, l'enthousiasme de Rabelais, parlant par la bouche de Gargantua ! « Toutes les disciplines, écrit celui-ci à son fils Pantagruel, sont restituées, les langues instaurées, grecque, sans laquelle c'est honte qu'une personne se die sçavant..... J'entendz et voulx que tu apprennes les langues parfaictement. Premièrement, la grecque, comme le veult Quintilien ; secondement, la latine..... » Il est vrai que Rabelais avait d'autres raisons que Fleury de préférer le grec au latin. Son génie curieux et indépendant se portait naturellement vers les sujets défendus ; or, de son temps, la lecture des livres grecs était presque regardée, par beaucoup d'esprits, comme un sacrilège. *Græcum est, non legitur !* disait-on, croyant que les hérétiques y avaient puisé des inspirations impies. En outre, la variété du génie grec, sa grâce dans les sujets sérieux, et sa précision dans toutes les sciences, plaisaient sans doute plus à Rabelais que la sévérité du latin ; sans compter que le latin était la langue des règles et des interdictions.

On peut aussi reprocher à Fleury de renfermer les mathématiques dans les éléments de la géométrie et de l'arithmétique, et de ne pas faire assez de cas des langues étrangères, excepté l'italien et l'espagnol, « qui ont beaucoup de rapport au français.

Pour les autres, comme l'anglais et l'allemand, il n'y a que l'utilité particulière qui puisse en compenser la difficulté. » Mais on excusera facilement Fleury, si l'on songe que la France n'avait alors que peu de relations avec les peuples du Nord, et qu'il y avait loin entre les exigences et les besoins d'alors et ceux d'aujourd'hui. L'esprit humain ne prévoyait pas encore les merveilles que devait réaliser notre siècle dans les arts et dans l'industrie. Les chemins de fer ne transportaient point encore, en quelques heures, les voyageurs d'une extrémité de l'Europe à l'autre ; les navires ne pouvaient, pour sillonner les mers, se passer de rames et de voiles, et n'obéissaient pas encore à la vapeur ; le génie de l'homme n'avait point imaginé ni construit ces puissantes machines qui servent à l'exécution d'immenses travaux ; enfin, la chimie n'avait guère révélé ses secrets. Puisque les arts et les sciences ont fait, de nos jours, de si grands progrès, qui doute que la jeunesse ne doive, non-seulement conserver, mais étendre les conquêtes de ses aïeux, en amassant un plus grand nombre de vérités de mathématiques, de physique, de chimie, qu'on ne faisait au dix-septième siècle ? En outre, la vapeur a tellement rapproché les distances et fait gagner tant de temps aux voyageurs, que les peuples, auparavant séparés et presque isolés les uns des autres par la différence des mœurs et du langage, se sont insensiblement rapprochés. Il a donc été nécessaire d'apprendre à un grand nombre de jeunes gens la langue des nations voisines, avec lesquelles nous avons de si fréquents rapports et nous échangeons si souvent nos marchandises. De là, dans nos colléges, l'étude de l'espagnol, de l'italien, de l'anglais, de l'allemand, et même de l'arabe.

Loin de nous la pensée de rien ôter aux mérites de Fleury qui, pour ne pas pousser assez loin les élèves dans l'étude des mathématiques et des langues, n'en a pas moins donné, sur d'autres objets, de sages avis à son siècle ! Ne semble-t-il pas qu'il ait subi l'influence de Bossuet, qui n'enseigna point au Dauphin le grec, les langues étrangères, la poétique, et se contenta de lui expliquer le corps humain et de faire devant lui les plus belles expériences, pour lui découvrir l'art de la nature, ou plutôt la providence de Dieu ?

Quand Fleury écrivait que peu de gens tiraient profit de l'étude du grec, et que moins encore se servaient de celle du latin, n'avait-il pas raison d'avertir, par là, les maîtres qui enseignaient ces deux langues à tous leurs élèves sans distinction ? Nous n'hésiterons pas nous-même à affirmer qu'une des causes principales qui ralentissent les progrès de nos études classiques, c'est que trop de jeunes gens, incapables d'y réussir, s'y engagent sans avoir consulté leurs moyens. Les élèves trop faibles de nos classes, et qui en forment, malheureusement, la plus forte moitié, retardent la marche des bons et les retiennent, pour ainsi dire, dans la médiocrité.

En ce qui concerne la rhétorique, Fleury remarque également, à juste titre, que beaucoup de professeurs insistent trop longtemps sur l'étude des règles de cette éloquence que les déclamateurs ont fait mépriser, « qui chatouille l'oreille en passant » et finit le plus souvent par ennuyer. Par la rhétorique, il entend l'art de persuader effectivement les

hommes de la vérité, sans viser à la satisfaction de
nos intérêts ni de nos passions. Il en juge comme
Fénelon, pour qui l'homme digne d'être écouté est
celui qui ne se sert de la parole que pour la pensée,
et de la pensée que pour la vérité et la vertu (1) ;
comme Bossuet, qui ne fait pas de la rhétorique
« une discoureuse dont les paroles n'ont que du son,
mais lui donne un teint naturel et une vive couleur,
en sorte qu'elle n'ait d'éclat que celui qui sort de
la vérité même (2) ; » et enfin, pourquoi ne pas le
dire ? comme Aristophane, qui, dans les *Nuées*, raille
sans pitié les rhéteurs dont les leçons dégénèrent en
charlatanisme, en art de soutenir le pour et le contre ; qui enseignent, pour de l'argent, à gagner les
plus mauvaises causes, et qui, par ces lieux communs sur le juste et sur l'injuste, sur le vice et sur
la vertu, ébranlent toutes les croyances morales et
conduisent au scepticisme.

On voit quel prix Fleury attache à la véritable
éloquence. Mais il se trompe en disant que l'élève
peut se faire une idée suffisante du génie de Démosthène et de Cicéron en les lisant dans des traduc-
tions. Ainsi pensaient Perrault et Lamotte à l'égard
d'Homère. Or, nous savons comment l'un traduisait
l'*Iliade*, comment l'autre l'appréciait. Toute traduction n'efface pas seulement la beauté des expressions, elle ôte encore la vie et le mouvement aux
sentiments et aux pensées. Nous sommes, en effet,
étrangers par tant de côtés aux sujets de l'éloquence

(1) *Lettre à l'Académie*, IV.
(2) *Lettre à Innocent* XI : *Verum colorem nitoremque, ex ipsa
veritate efflorescentem.*

antique, que, si nous ne nous rendons présent l'orateur par la connaissance de sa propre langue, un livre presque sans mérite, mais qui nous parle de notre temps, nous attache plus que les harangues de Démosthène et de Cicéron.

Fleury veut que son élève, à supposer même qu'il sache le latin, développe toujours en français les sujets de ses compositions. « C'est assez, dit-il, qu'il soit occupé à bien parler, sans l'appliquer encore à une langue qui ne lui est pas naturelle. Il est à craindre qu'il ne force ses pensées, faute de les savoir exprimer assez juste ou pour ne pas perdre quelque belle période de Cicéron. S'il traite un sujet antique, il transcrira peut-être sans les entendre des phrases des auteurs qu'il aura lus, et, si le sujet est moderne, il sera embarrassé d'en parler en latin ; car, étant accoutumé à ne parler qu'à des Grecs ou à des Romains, il sera tout déconcerté quand il faudra parler à des hommes portant des chapeaux et des perruques, et traiter des intérêts de la France et de l'Allemagne. » Nul ne niera la gravité des objections de Fleury contre le discours latin ; il propose de le supprimer, et je regarde cette proposition comme la plus neuve de son traité. Cependant Rollin, qui écrit longtemps après lui, ne tient pas compte des réflexions de Fleury, puisqu'il exige que l'élève écrive et même parle en latin. Mais aujourd'hui l'usage de parler latin a disparu avec ses causes ; car il n'est plus profitable aux voyageurs, et la médecine, le droit, la philosophie, ne s'enseignent plus en latin. Disons pourtant que, dans les séminaires, le latin est encore la langue de la théologie. Quant à la composition en latin, Bos-

suet, avant Rollin, la jugeait des plus utiles, puisque,
non content d'expliquer au Dauphin Térence, Virgile et Cicéron, il lui faisait rédiger, en latin, presque toute l'histoire de France.

Malgré l'exemple de Bossuet, et les prescriptions
de Rollin, notre propre expérience nous invite à
suivre, en partie, l'opinion de Fleury. Nul doute que
l'habitude d'écrire en latin ne fasse mieux connaître le génie d'une langue qui a fourni tant de tours
et de termes à la nôtre; mais comme nos élèves ont
plutôt besoin de comprendre Cicéron et Virgile que
de reproduire leurs expressions, ne faudrait-il pas
les exercer plus souvent à composer en français
qu'en latin ? C'est le contraire qui a lieu aujourd'hui.
Le programme du baccalauréat ès-lettres exige, en
effet, pour la première épreuve, une version latine
et un discours latin, au sortir de la classe de rhétorique. Aussi, rien d'étonnant que la plupart de nos
jeunes gens, désireux d'arriver au but, négligent la
composition française en faveur de la composition
latine. Si nous les en blâmons, ils nous opposent,
sans que nous puissions facilement répliquer, les
exigences du programme. (1) Aussi quelques-uns con-
naissent-ils le latin, qu'ils n'auront ni à écrire ni à
parler dans la vie, mieux que le français, dont ils
auront si souvent besoin. Le plus grand nombre
tombent dans le défaut prévu par Fleury, et copient
çà et là des phrases de Tite-Live, de Cicéron, qui ju-
ront avec des passages dignes de Sganarelle. Si
l'Université ne doit point consentir à supprimer un

(1) Je me suis aperçu depuis que mes bons élèves écrivaient
également très-bien en latin et en français.

exercice qui, après tout, donne une idée plus complète de l'élégance et de la propriété des mots latins, que du moins elle ne le fasse point prévaloir sur le discours français, dont l'utilité est assurément beaucoup plus considérable, et qui intéresse davantage la jeunesse de nos lycées. Bien que nous accordions déjà plus de temps qu'autrefois aux explications d'auteurs latins, il serait bon de les étendre encore (1), et de familiariser ainsi davantage nos élèves avec les chefs-d'œuvre de Rome. Si nous perdions un peu à moins cultiver le discours latin, nous trouverions une large compensation dans l'étude plus approfondie des auteurs.

On ne trouvera peut-être pas mauvais que nous comparions les vues de Fleury, sur la rhétorique, avec celles de Quintilien. Le dixième livre de l'*Institution oratoire* n'est-il pas, en effet, un *Traité des études* en abrégé ? Il est vrai que Quintilien n'y veut former qu'un orateur, bien que Rome eût depuis longtemps perdu, sous le pouvoir d'un seul, la matière de la grande éloquence, et les motifs qui l'excitaient. Déjà le peuple, sous Auguste, ne décidait plus les affaires publiques, et ne donnait plus les emplois. La poésie même tomba bientôt après, n'ayant plus rien de solide qui la soutînt, et n'étant plus considérée que comme un jeu et un exercice de l'esprit. On ne voyait plus alors que des grammairiens, des rhéteurs et de fades déclamateurs, des philosophes, des historiens et des poëtes, qui fatiguaient le public en lui lisant leurs ouvrages.

(1) Personnellement, nous expliquons beaucoup d'auteurs dans notre classe de Rhétorique.

Après avoir traité de l'invention, de la disposition, et de l'élocution, Quintilien, au commencement de son dixième livre, écrit que les préceptes qu'il a donnés ne suffisent point à la parfaite éloquence, si l'orateur n'acquiert en outre, par la lecture, par la composition et par la pratique de la parole, une heureuse facilité. Il conseille donc, à qui veut faire une ample provision d'idées et d'expressions, d'aller souvent entendre les maîtres de l'éloquence, mais surtout de lire longtemps et attentivement les plus illustres écrivains, et, particulièrement, les plus grands orateurs.

Fleury propose, au jeune homme qui désire bien parler et bien écrire en toutes les rencontres de la vie, des exercices analogues. Pour montrer le secret de l'éloquence, il emploie les exemples, et il les prend dans Cicéron et dans Démosthène. Les préceptes tout seuls sont toujours, selon lui, secs et stériles. Saint Augustin avait déjà dit qu'un beau naturel acquerrait plutôt l'éloquence en lisant ou en écoutant des discours éloquents, qu'en étudiant les préceptes de l'éloquence (1). Qu'écrit Bossuet dans sa lettre au pape Innocent XI ? « *Exemplis magis, quam præceptis, egimus.* (2) » Pourquoi ne pas ajouter que Gargantua allait « ouyr les leçons publiques, les actes solonnelz, les repetitions, les declamations, les plaidoyez desgentilz advocatz, lesconcions des pros-cheurs évangélicques (3). » L'exercice : tel est le moyen qu'adoptent, pour former à l'éloquence, les

(1) *Doct. Christ.*, IV, 3.
(2) Nous avons plus fait par les exemples que par les préceptes.
(3) *Garg.*, § XXIV.

principaux écrivains qui ont traité de l'éducation.

Non-seulement la lecture, mais les conversations et les discours les plus communs de la vie paraissent à Fleury de bonnes leçons d'éloquence. Il n'eût donc pas, dans une classe de rhétorique, occupé long-temps ses élèves à l'étude de préceptes trop abstraits, et noyés pour ainsi dire, comme ils le sont dans plus d'un manuel de notre temps, au milieu de considérations diffuses qui ne laissent, dans l'esprit des élèves, que des impressions flottantes (1).

Quintilien, parlant des sujets que son élève doit traiter, l'exhorte à traduire des passages d'auteurs grecs, à développer des thèses, à prouver et à réfuter des maximes ; à composer des déclamations, des narrations, des dialogues et des vers ; enfin, à reproduire des harangues qu'il aura entendues. Il insiste longuement sur la manière de travailler le plus utilement à ces divers exercices.

Fleury, qui se renferme dans un domaine plus étroit que Quintilien, puisqu'il ne veut point faire des orateurs ni des écrivains, mais bien des hommes propres à remplir les devoirs de leur état, ne s'étend point, comme lui, sur la manière de composer. Il se borne à marquer les sujets qu'il importe le plus de traiter : et d'abord, des narrations, des lettres, et d'autres pièces faciles ; puis, quelque éloge d'un grand homme, quelque lieu commun de morale, mais *« solide, sans galimatias, ni pensées fausses ; »* enfin, « des discours entiers, comme des délibérations sur les histoires que l'élève aura lues et sur les sujets qu'il saura le mieux, afin qu'il tire autant

____

(1) C'est la méthode que nous suivons, et qui réussit.

qu'il pourra toutes ses preuves des circonstances de l'affaire, évitant les discours vagues et généraux. » Combien ces conseils ne sont-ils pas appropriés à l'esprit des jeunes gens ! Fleury, on le voit, ne souffre rien, dans ses compositions, qui sente le mauvais goût et la prétention ; il ne veut pas de ces thèses qui, au temps de Quintilien, contribuèrent à la corruption de l'éloquence, et par lesquelles les jeunes Romains faisaient plutôt applaudir leur esprit qu'ils n'exprimaient des sentiments naturels. Quintilien lui-même ne s'affranchit point de l'influence des déclamations dans son livre, où se rencontre plus d'une trace de recherche et d'affectation. Mais Fleury reste partout fidèle à son propre principe. « L'écrivain, dit-il, doit toujours s'effacer, en sorte que le lecteur n'ait jamais le loisir de penser si les faits sont bien ou mal écrits, s'il a un livre entre les mains, s'il y a un auteur au monde ; c'est ainsi qu'Homère écrivait ! »

Quintilien estime que l'orateur acquerra le talent si précieux d'improviser en parlant devant des auditeurs d'un goût et d'un jugement sûrs, en méditant et en coordonnant, dans son esprit, les parties de discours étendus. Fleury, par l'exercice de parler, entend moins ce que l'on appelle *déclamation*, et qui « n'est d'usage tout au plus que pour ceux qui doivent un jour parler en public, » que « des discours familiers, suivis et soutenus, comme sont ceux des gens qui parlent bien d'affaires et qui content bien une histoire en conversation. »

Tels sont les divers exercices recommandés par Fleury et par Quintilien. La cause des différences qui les séparent réside dans la différence du but qu'ils se proposaient.

Si notre disciple a un génie extraordinaire, Fleury
nous engage à le pousser jusqu'à la poésie qui n'est,
dit-il, qu'une éloquence plus sublime. Le plus nécessaire sera de lui montrer les différents caractères
des modèles ; ce que c'est qu'une ode, une élégie,
une églogue. Pour les règles de la versification, ce
sera l'affaire de peu de leçons. L'auteur ne veut
point parler ici des vers latins. « Si l'on en fait, dit-
il, ce sera comme un exercice de grammaire, pour
apprendre la quantité, et pour avoir plus de mots à
choisir en composant ; et *je ne sais si ce profit vaut la
peine que donnent les vers latins*. Mais ceux qui veulent prétendre à la poésie doivent s'y exercer en
leur langue et écrire pour leur nation. » Assurément
l'élève qui ne sait pas faire un vers français ou un
vers latin, et qui ne s'habitue point à rechercher des
pensées nobles et élevées, ni à peindre les objets
sous de vives couleurs, sentira très-imparfaitement
les beautés des poëtes et réussira moins dans l'éloquence. Nous croyons pourtant que, s'il est bon que
les jeunes gens de nos lycées aient tout le sentiment
de la poésie, nous leur faisons perdre trop de temps
à la composition des vers latins. Nous n'étonnerons
pas la plupart des professeurs, en affirmant qu'il
suffirait d'apprendre, aux deux tiers des élèves des
classes supérieures, la prosodie latine et l'art de
mettre un vers sur ses pieds, en réservant, à ceux
qui ont d'heureuses dispositions pour les lettres, les
matières à développer. On nous permettra de dire
que, personnellement, nous avons fait des vers latins avec goût, et que nos pièces ont eu quelque
succès dans les concours de licence et d'agrégation ;
et on voudra bien ne pas nous objecter qu'on vou-

lant diminuer la part des vers latins, nous faisons penser à la fable du *Renard et des Raisins*, ou à celle du *Renard qui a la queue coupée*. Mais il faut bien céder à l'évidence, et reconnaître que les jeunes gens peu doués perdent leur temps à cet exercice. Que trouvons-nous, en effet, dans leurs pièces ? Une accumulation de fautes de quantité, de mots durs et prosaïques, d'impropriétés et d'obscurités ; et cependant ils ont mis, disent-ils, trois heures, quatre heures même à les faire ! Concluons que, si l'Université conserve cet exercice, il faut donner à la majorité de nos élèves des sujets les plus faciles, et qui ne les occupent pas trop longtemps.

Les idées de Fleury sur le discours et les vers latins peuvent rencontrer de l'opposition et de la résistance dans quelques esprits attachés à la tradition ; elles en rencontrent dans le nôtre ; mais nul ne contestera la justesse de sa remarque au sujet de l'histoire, savoir, que, tout en ornant sa mémoire de connaissances générales sur les peuples étrangers, l'enfant doit étudier principalement l'histoire de son pays, et savoir plus en détail « ce qui est le plus proche de son temps. » C'est en obéissant à une considération de cette nature que Bossuet, tout en écrivant pour le Dauphin le *Discours sur l'Histoire universelle*, avait principalement soin de lui apprendre celle de France, qui était la sienne (*hoc est suam*) ; que M. Duruy, sans doute, proscrivait l'étude de l'histoire contemporaine. Aujourd'hui, dans nos écoles primaires, les enfants ont généralement entre les mains une histoire de leur propre département, de leur province, et ils font bien de l'apprendre ; or, qu'écrivait Fleury ? « Je voudrais que chaque particulier sût mieux l'histoire de sa province et de sa ville que du reste. »

Après avoir énuméré les nations dont l'histoire est connue de son siècle, Fleury exprime une pensée qui mérite, aujourd'hui encore, notre attention. « On voit combien c'est peu (d'histoire) en comparaison de l'étendue de la terre et de toute la suite des siècles ; mais il y en a encore trop pour un seul homme, et c'est particulièrement en cette étude qu'il faut choisir et se borner. » Beaucoup de ses contemporains, qui se piquaient d'une science stérile, croyaient avoir beaucoup fait, quand ils avaient étudié les coutumes et la vie des peuples les plus antiques ou les plus éloignés :

> .... Æthiopum juvat indorumque libellos
> Eruere, ignotisque oculos hebetare figuris (1).

Peut-être nos élèves étudient-ils, de même, trop longtemps l'histoire des nations étrangères, et ne savent-ils pas assez celle de leur pays !

L'auteur (2) d'une histoire de la littérature française, qui est pleine d'érudition, et a mérité un prix de l'Académie, n'avait sans doute pas lu attentivement les pages de Fleury sur cette importante étude, quand il écrivait que Rollin, le premier, avait appelé l'attention sur la nécessité d'apprendre l'histoire de France. Il est vrai que Rollin a fait trop oublier Fleury, quoiqu'il ait beaucoup puisé dans le livre du savant auteur, et qu'il lui ait emprunté quelques

____

(1) *Ad Ormessonem.*
(2) M. Godefroy, dont j'apprécie, d'ailleurs, tout le mérite.

4

idées dont on lui a faussement attribué l'invention.

Après avoir mis en lumière l'opinion de Fleury sur les avantages et les inconvénients des diverses études des jeunes gens, il est bon, ce nous semble, de relever ses vues les plus sages sur l'ordre de ces études selon les âges. Contrairement à l'avis de Quintilien, qui veut que l'enfant, encore dans les bras de sa nourrice, soit formé à l'art oratoire, il le laisse, jusqu'à six ans, se divertir et s'amuser librement, et ne l'oblige, jusqu'à cet âge, à rien dire et à rien apprendre que quelques prières. A six ans, il lui enseigne à lire et à écrire, et lui donne quelques leçons de religion et d'histoire. A dix ans, il lui met entre les mains une grammaire et lui fait étudier les langues dont il aura besoin dans la vie. Dans nos lycées, si beaucoup d'enfants sont si faibles en latin et en grec, n'est-ce point pour avoir étudié trop jeunes, sans connaître encore les règles de la langue française, ni même distinguer la fonction des mots dans une phrase? Les parents ont souvent tort de les envoyer en huitième avant leur dixième année; et je ne partage point l'opinion de Rollin, qui apprend le latin à son élève dès la sixième année, à moins que cet élève ne soit doué de qualités extraordinaires. Enfin, il est deux prescriptions de Fleury que nous ne saurions trop rappeler à ceux qui rédigent des programmes d'enseignement. En premier lieu, il fait écrire à l'élève des compositions en français dès l'âge de dix ans; en second lieu, il le fait lire beaucoup à douze ans et l'exerce à juger des auteurs. L'Université attend aujourd'hui beaucoup de ces deux exercices; mais elle les avait auparavant trop négligés. Prenons garde que nos jeunes gens,

Eloquio docti græco doctique latino,

ne seront, comme le dit Fleury,

Infantes patrio (1) ;

ou que, s'ils développent un sujet, ils ne restent stériles, et n'écrivent dans un style sans élégance et
sans noblesse : défauts qu'ils éviteront par la pratique fréquente des bons auteurs, et par la composition française.

VIII

De l'ordre à suivre dans les études

Fleury ne se contente pas d'expliquer les études
des garçons ; il croit aussi devoir écrire de celles des
filles, et de celles qui sont particulières à l'église, à
l'épée et à la robe.

Au dix-septième siècle, les jeunes filles bornaient
encore leurs études à apprendre « leur catéchisme,
la couture et divers petits ouvrages, chanter, danser
et s'habiller à la mode, faire bien la révérence et
parler civilement. » Aussi Fénelon et Fleury, qui
avaient conçu le dessein d'inviter les familles à donner aux jeunes filles une éducation plus complète et
plus sérieuse, se croyaient-ils obligés de présenter
des excuses au public. Fénelon justifie son entreprise, non-seulement par des raisons d'intérêt ou
d'humanité, mais par ce principe purement théolo-

(1) Lettre à Montmor.

gique : « Que les femmes sont la moitié du genre humain, rachetée du sang de Jésus-Christ, et, comme nous, destinée à la vie éternelle. » Il désapprouve ceux qui, voyant beaucoup de femmes que la science a rendues ridicules, les condamnent à une ignorance absolue. Fleury, lui aussi, parle des jeunes filles dans un langage des plus touchants ; il ne s'intéresse pas moins à leur félicité et à leur vertu qu'à celles des jeunes gens, et il en appelle, pour ainsi dire, des préjugés du public à la charité chrétienne. Aux motifs de Fénelon, il ajoute que nous avons, en France, une raison particulière de souhaiter que les femmes soient éclairées et raisonnables : c'est le crédit et la considération qu'elles ont dans le monde.

Ces deux écrivains désirent donc qu'on donne aux femmes l'instruction qui leur est nécessaire pour remplir avec succès les devoirs que leur imposent la nature et la société. Fleury, qui, en indiquant les études convenables à leur sexe, s'est assurément inspiré de Fénelon, leur interdit le latin, le grec, la rhétorique et la philosophie. Elles doivent surtout connaître la religion, sans y être trop savantes, de peur qu'elles ne veuillent dogmatiser ; la morale, afin d'acquérir la douceur, la modestie, la soumission, l'amour de la retraite, l'humilité, la force, la fermeté, la patience ; un peu de logique, de médecine, d'arithmétique, d'économique et de jurisprudence ; l'art de lire et d'écrire, et de composer correctement en français une lettre, un mémoire. Pour le corps, il n'y a guère d'exercice qui leur convienne que de marcher ; mais elles doivent veiller à leur santé, d'autant « qu'elles sont sujettes à se flatter en cette matière et à se faire honneur de leurs maladies et de leurs faiblesses. » Fleury dit qu'elles peuvent se passer de l'histoire, des mathématiques, de la poésie, et « des autres curiosités ; » son avis, à ce propos, diffère de celui de Fénelon, qui leur recommande l'étude de l'histoire grecque et romaine, de l'histoire de France et des relations des pays éloignés judicieusement écrites, et déclare raisonnable l'étude du latin, parce que c'est la langue de l'Eglise et de la prière. Il leur permet la lecture des ouvrages d'éloquence, de littérature et de poésie, mais leur défend absolument les romans, les comédies, les récits d'aventures chimériques, par lesquels *elles se gâtent même pour le monde*. De même, Rollin admet le latin pour celles qui veulent embrasser la vie religieuse ; il prescrit à toutes l'histoire de France, l'histoire grecque et l'histoire romaine ; il ne leur interdit même pas les poëtes, pourvu qu'elles sachent faire un choix parmi eux. Fleury, qui a tant de peur de la curiosité, renferme peut-être leurs études dans un cercle trop étroit ; et il n'eût pas dû, ce nous semble, en exclure l'histoire, surtout l'histoire de France.

De nos jours, où se produisent tant de théories vagues et sans application, on peut se récrier sur le petit nombre d'études dont se contente Fleury pour l'éducation des filles. L'on s'est déjà scandalisé de ce qu'à une époque où la connaissance de l'orthographe ne paraissait pas indispensable aux jeunes personnes, Fénelon leur ait recommandé, avec une sorte de candeur, de maintenir au moins leurs lignes droites en écrivant. On demande avec raison davantage aujourd'hui. Mais ne demande-t-on pas souvent beaucoup trop ? Et ne serait-il pas utile de revenir aux conseils prudents de Fleury? Voici comment Bossuet, qui connaissait si profondément le cœur humain, parle des jeunes filles qui accordent trop à la vanité et à la curiosité : « Quand elles pourraient acquérir les sciences, elles auraient de la peine à les porter ; de sorte que, si on leur défend cette application, ce n'est pas tant, à mon avis, dans la crainte d'engager leur esprit à une entreprise trop haute, que dans celle d'exposer leur humilité à une épreuve trop dangereuse (1). »

Il nous reste à signaler les observations les plus intéressantes de Fleury sur les études des gens d'épée et de robe, et des ecclésiastiques, bien que nous nous soyons surtout proposé de nous expliquer sur celles des jeunes gens.

Dans une guerre récente, nos officiers commirent plus d'une faute, si nous en croyons les relations, pour n'avoir pas assez connu la géographie ; ils perdirent souvent l'occasion d'obtenir, des prisonniers, d'utiles et d'importants renseignements, pour n'avoir pas su la langue allemande. Aussi, l'État s'est-il vu dans la nécessité de donner à ces deux études plus d'étendue. Mais l'idée de développer, surtout pour les gens d'épée, l'enseignement de l'allemand et de la géographie, n'est pas nouvelle. Fleury, en effet, avait déjà, pour ainsi dire, prévu le danger que la France devait courir un jour, quand il écrivait : « Il est très-bon que les gens d'épée sachent l'allemand, et le plus tôt qu'ils l'apprendront sera le meilleur... La géographie leur est aussi fort nécessaire, et, pour les pays où ils font la guerre, ils ne peuvent les con-

<hr>

(1) *Panégyrique de sainte Catherine.*

naître trop en détail, ni descendre dans une topographie trop exacte. » Remarquons, en outre, que la plus grave des raisons qu'ils ont, selon lui, d'étudier, c'est la grande oisiveté que la vie de guerre attire pour l'ordinaire. « On ne sait que faire en garnison, en quartier d'hiver, dans un séjour un peu long, pendant que l'on se fait panser d'une blessure ; heureux alors celui qui a un livre et prend plaisir à lire ! »

Les gens de robe ont véritablement, aux yeux de Fleury, besoin de plus de lettres que les gens d'épée ; mais ils ne doivent étudier que pour se rendre capables de traiter les affaires. « Ils doivent donc éviter cet esprit d'étude, opposé à l'esprit d'affaires, qui ne cherche que le plaisir de savoir ou la gloire d'en avoir la réputation. Ils doivent chercher le milieu entre le savoir scolastique des docteurs des lois, et l'ignorance grossière des purs patriciens. » Encore une preuve du mépris où il tient les études curieuses ! Il les proscrit même de la vie ecclésiastique, qui offre cependant plus de loisirs. Un prêtre « ne doit pas être un savant de profession, qui passe sa vie dans son cabinet à étudier et à composer des livres ; il doit être homme d'action, et surtout homme d'oraison ; ce sont les deux parties de la vie apostolique, la prière et le ministère de la parole. » Le prêtre ne doit pas être en repos, « tant qu'il y aura des ignorants à instruire et des pécheurs à convertir. » Les divertissements qui lui conviennent, ce sont les méditations sur quelque grande vérité de l'Écriture, la lecture de quelque bel endroit des Pères ; enfin, la conversation d'un ami savant et pieux.

IX

Conclusions

Le *Traité des Études* de Fleury a rendu d'incontestables services à la France, par l'expression de vues assurément originales pour le dix-septième siècle. Ce livre savant et charmant fut inspiré par la lecture de Platon et écrit sous l'influence supérieure de Bossuet et de Fénelon. Les quatre-vingts premières pages renferment l'histoire universelle des études depuis le commencement du monde. Ce que Bossuet a fait pour l'histoire matérielle des peuples, Fleury veut le faire pour l'histoire intellectuelle du genre humain. D'un autre côté, les nombreux rapprochements auxquels a donné lieu la *Lettre au pape Innocent XI*, montrent jusqu'à la dernière évidence que Fleury emprunte plusieurs idées à Bossuet; de même, il s'inspire souvent de Fénelon. Souvent, les vues de l'un et de l'autre se confondent; elles ont pu naître de leurs entretiens, des rapports de leur caractère, de leurs études communes, enfin, de la rencontre de ces deux âmes presque semblables et qui s'unissent dans la religion et dans la charité. Enfin, le fond du livre est souvent celui de la *République* de Platon, mais agrandi par l'Évangile.

Le propre des grands hommes est de jeter plus loin que leurs contemporains les yeux dans l'avenir, et d'en prévoir les changements. Quoique Fleury, malgré ses précieuses qualités, ne mérite point d'être mis au rang des génies de premier ordre, il a prévu une grande partie des améliorations que le temps devait apporter à l'instruction publique. Examen et choix des études, leçons à donner aux petits enfants, conseils aux professeurs, vœux pour l'éducation morale du peuple, inutilité du latin et du grec pour la masse des étudiants, nécessité d'un enseignement particulier pour les marchands et les bourgeois, destruction des abus, indication de nouvelles méthodes, appréciation des sciences à la manière de Bacon, rien n'est oublié dans son ouvrage, qui offre le germe de plusieurs réformes faites jusqu'à ce jour, et de bien d'autres encore.

Pour nous, en le commentant, nous n'avons pu nous défendre d'un regret : c'est que ceux qui reçoivent de l'État le soin de rédiger nos programmes d'études ne partagent pas assez l'appréhension qu'inspire à Fleury le goût de certains esprits pour les sciences *de curiosité et de vanité*, et qu'ils ne fixent point assez, d'après la considération d'une utilité vraiment pratique, les matières sur lesquelles la jeunesse des lycées et des colléges doit être exercée et interrogée. Une bonne éducation consiste, ce me semble, dans l'heureux mélange de la méthode poétique et de la méthode positive, que nous avons définies plus haut. Elle a pour but de former des hommes par les arts libéraux, et non de former des machines pour ce qu'on appelle aujourd'hui l'éducation professionnelle ; mais les programmes me semblent trop sacrifier à la méthode poétique. Nos élèves sont presque accablés sous le fardeau des études qui leur sont imposées, et ils ne peuvent en recueillir des connaissances assez nettes ni assez pratiques. Ne pourrait-on, sans affaiblir un enseignement que tous les bons esprits reconnaissent comme le fondement de toute éducation libérale, diminuer l'importance de certains exercices *curieux*, comme le discours et les vers latins, au profit de quelques autres plus utiles et même nécessaires ? Une autre cause de la faiblesse de nos classes, occupées à un trop grand nombre d'études, c'est que nous ne faisons pas un choix assez sévère des élèves que nous admettons à les fréquenter. Beaucoup ne sont pas doués de facultés suffisantes pour comprendre et aimer les œuvres des génies qui ont exprimé en perfection les vérités de la religion, de la morale et de l'art ; ils se traînent, pour ainsi dire, péniblement et sans goût derrière leurs condisciples mieux doués. Ceux-là feraient mieux d'abandonner des études trop élevées pour eux et où ils perdent, en vérité, leur temps ; pourquoi ne les appelons-nous pas à l'enseignement *spécial*, qu'ils suivraient avec plus de profit et de goût ? Encore une fois, ce n'est point par la quantité, mais par la qualité des élèves que nous élèverons le niveau des études !

Que non-seulement les auteurs de programmes officiels, mais les pères de famille, se pénètrent des réflexions que nous suggère la lecture du livre de Floury ! Qu'ils se rendent bien compte des dispositions de leurs enfants, avant de les engager dans une voie séduisante, il est vrai, mais que ceux-ci ne peuvent souvent suivre jusqu'au bout, arrêtés qu'ils sont par des obstacles imprévus !

Il serait bon, encore un coup, de revenir aux vues de Floury sur l'éducation. Son livre mérite la reconnaissance des maîtres et des élèves : car il a beaucoup aimé les uns et donné aux autres des avertissements utiles. Il base l'instruction sur un fondement solide et vraiment moral, en voulant que, par l'union de la religion et de la sagesse antique, elle tende non-seulement à éclairer les intelligences, mais à purifier les cœurs, et à faire plutôt des hommes de bien que des savants : c'est ce qu'on a peut-être trop oublié de nos jours.

TABLE DES MATIÈRES

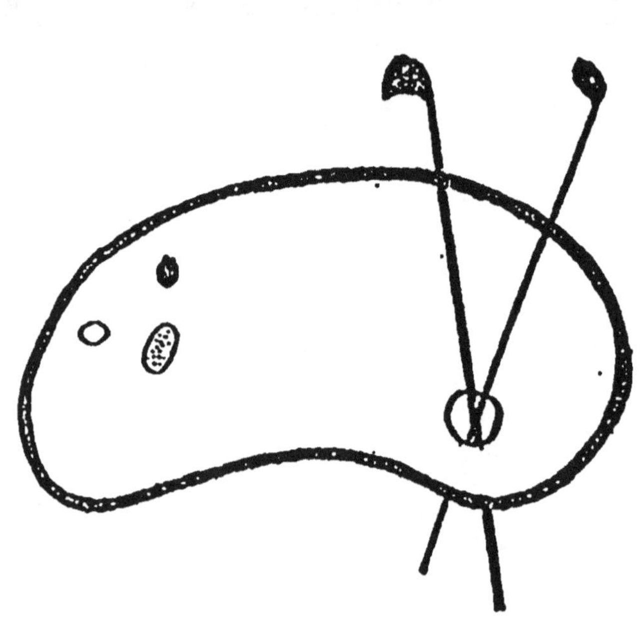